EMG3-0182
合唱楽譜<スタンダード>

STANDARD
CHORUS PIECE

合唱で歌いたい! スタンダードコーラスピース

混声3部合唱

パッヘルベルの「カノン」による

遠い日の歌

作詞:岩沢千早　作曲:橋本祥路

JN149850

●●● 曲目解説 ●●●

名曲、パッヘルベルの「カノン」をモチーフにした楽曲。今では中学生に絶大な人気を誇る合唱曲です。主旋律と対旋律を聴き合いながら一体感ある音楽を創り出せれば、合唱の楽しみも倍増。親しみやすくいつまでも心に残る素敵な合唱となることでしょう。

【この楽譜は、旧商品『遠い日の歌〔混声3部合唱〕』(品番:EME-C3076)と内容に変更はありません。】

ELEVATO
MUSIC ENTERTAINMENT

パッヘルベルの「カノン」による

遠い日の歌

作詞:岩沢千早　作曲:橋本祥路

14
mp
ル ル ル ル ル ル ル ル
mf
ル ル ル ル ル ル ル ル ル ル ル ル ル ル ル ル
mp
ル ル ル ル ル ル ル ル ル
mp
18
mf
ル ル ル ル ル ル ル ル
mf
ル ル ル ル ル ル ル ル ル ル ル
mf
ル ル ル ル ル ル ル ル ル ル ル ル ル ル ル
mf
B
22
mp
ひ と は た だー か ぜ の な か を一 い の り な が らー あ る き つ づ け るー
mp
ひ と は た だー か ぜ の な か を一 い の り な が らー あ る き つ づ け るー
ル
mp

26
mf
そ の み ち でー　い　つ の ひ に かー　め ぐ り あ うー と お　い ひ の う たー　ー
31
mp
ラ ラ ラ ラ ラ ラ　ラ ラ ラ ラ ラ ラ　ラ ラ　ラ ラ ラ ラ ラ ラ
ラ ラ ラ　ラ ラ　ラ ラ ラ　ラ ラ ラ ラ
ラ ラ　ラ ラ　ラ ラ　ラ ラ ラ
35
mf
ラ ラ ラ ラ ラ ラ　ラ ラ ラ ラ ラ ラ　ラ ラ ラ　ラ ラ ラ ラ
ラ ラ ラ ラ ラ ラ　ラ ラ ラ ラ ラ ラ　ラ ラ　ラ ラ ラ ラ
ラ ラ　ラ ラ　ラ ラ　ラ ラ ラ

C
D
ラ ルル ル ル ル トゥ トゥ トゥ トゥ トゥ トゥ トゥ トゥ トゥ トゥ トゥ トゥ トゥ トゥ トゥ トゥ
トゥ トゥ トゥ トゥ トゥ トゥ トゥ トゥ トゥ トゥ トゥ トゥ トゥ トゥ トゥ トゥ ル ル ル ル
ひ と は い まー か ぜ の なか でー も え る お もいー だ き し め て いるー
ルルルル ル ル ルルルル ル ル ルルルル ル ル ルルルル ル ル
そ の む ねにー み ち あ ふれ てー と き め かすー と お いひ の うたー
ルルルル ル ル ルルルル ル ル ルルルル ル ル ルルルル ル
ー ラン ラ ララン ラ ラ ラ ラ ラ ラ ラ ラ ラ ラ ラン ラ ララン ラ ラ ラ ラ ラ ラ ラ ラ ラ ラ
ー ラン ラ ララン ラ ラ ラ ラ ラ ラ ラ ラ ラ ラ ラン ラ ララン ラ ラ ラ ラ ラ ラ ラ ラ ラ ラ
ル ラン ラン ラン ラン ラン ラン ラン ラン

50
ラン ラ ララン ラ ラ ラ ラ ラ ラ ラ ラ ラ ラ ラン ラ ララン ラ ラ ラ ラ ラ ラ ラ ラ ラ ラ ラン ラ ララン ラ ラ ラ ラ ラ ラ ラ ラ ラ ラ
ラン ラ ララン ラ ラ ラ ラ ラ ラ ラ ラ ラ ラ ラン ラ ララン ラ ラ ラ ラ ラ ラ ラ ラ ラ ラ ラン ラ ララン ラ ラ ラ ラ ラ ラ ラ ラ ラ ラ
ラン ラン ラン ラン ラン ラン ラン ラン ラン ラン ラン ラン ラン
53
ラン ラ ララン ラ ラ ラ ラ ラ ラ ラ ラ ラ ラ ラン ラ ララン ラ ラ ラ ラ ラ ラ ラ ラ ラ ラ ラン ラ ララン ラ ラ ラ ラ ラ ラ ラ ラ ラ ラ
ラン ラ ララン ラ ラ ラ ラ ラ ラ ラ ラ ラ ラ ラン ラ ララン ラ ラ ラ ラ ラ ラ ラ ラ ラ ラ ラン ラ ララン ラ ラ ラ ラ ラ ラ ラ ラ ラ ラ
ラン ラン ラン ラン ラン ラン ラン ラン ラン ラン ラン ラン ラン
56
rit.
mp
p
ラ ラ ラ
div.
mp
p
ラ ラ ラ
mp
p
ラ ラ ラ
dim.
rit.
mp
p
pp

パッヘルベルの「カノン」による

遠い日の歌

作詞：岩沢千早

人はただ　風の中を
迷いながら　歩き続ける
その胸に　はるか空で
呼びかける　遠い日の歌

人はただ　風の中を
祈りながら　歩き続ける
その道で　いつの日にか
めぐり合う　遠い日の歌

人は今　風の中で
燃える思い　抱きしめている
その胸に　満ちあふれて
ときめかす　遠い日の歌

ELEVATO
MUSIC ENTERTAINMENT

ご注文について

エレヴァートミュージックエンターテイメントの商品は全国の楽器店、ならびに書店にてお求めになれますが、店頭でのご購入が困難な場合、当社PC&モバイルサイト・電話からのご注文で、直接ご購入が可能です。

◎当社PCサイトでのご注文方法

http://elevato-music.com

上記のアドレスへアクセスし、WEBショップにてご注文ください。

◎お電話でのご注文方法

TEL.0120-713-771

営業時間内に電話いただければ、電話にてご注文を承ります。

◎モバイルサイトでのご注文方法

右のQRコードを読み取ってアクセスいただくか、
URLを直接ご入力ください。